戦争か、平和か——歴史的岐路でどうたたかうか

志位和夫

目次

「戦争か、平和か」——歴史的岐路の年をどうたたかうか

新春インタビュー　志位委員長　大いに語る

「戦争か、平和か」——歴史的岐路の年をどうたたかうか。2023年の幕開けにあたって、日本共産党の志位和夫委員長にインタビューしました。

（聞き手　小木曽陽司・赤旗編集局長）

小木曽　明けましておめでとうございます。

志位　おめでとうございます。

「岸田内閣の大軍拡を許さない」——この一点で力あわせ国民的大運動を

小木曽　今年の新春インタビューは、「戦争か、平和か」というテーマにしぼってお話をうかがいます。ロシアのウクライナ侵略、敵基地攻撃能力保有と大軍拡の動きなど、激動の1年でしたが、今年はどういう決意でのぞみますか。

志位　昨年2月に、ロシアによるウクライナ侵略が開始されました。日本共産党は、ロシ

小木曽陽司・赤旗編集局長（左）のインタビューに答える志位和夫委員長

アの行動を国連憲章を蹂躙《じゅうりん》した暴挙と批判し、「国連憲章を守れ」の一点で国際社会の包囲を、と訴え続けてきました。

重大なことは、ロシアの暴挙に乗じて、ユーラシア大陸の東と西で軍事ブロックの強化と大軍拡の逆流が起こったということです。ヨーロッパでは、フィンランドとスウェーデンが北大西洋条約機構（NATO）加盟の申請を行い、「欧州のNATO化」と言われる事態が起こっています。日本では、12月に「安保3文書」――国家安全保障戦略、国家防衛戦略、防衛力整備計画の閣議決定が強行されるなど、「専守防衛」を完全にかなぐりすてる「戦争国家づくり」の暴走が始まっています。

ただ、世界の流れを大局で見ると、危機のもとでも、外交と理性の力で平和をつくろうという流れもたしかな広がりを見せています。

ロシアの侵略を国連憲章違反と断罪する国連総会決議が3回にわたって140カ国以上が賛成して採択されました。昨年6月には、核兵器禁止条約の第1回締約国会議がウィーンで開かれて大きな成功をおさめ、禁止条約が国際法のたしかな一部として力を発揮しだしています。

東南アジア諸国連合（ＡＳＥＡＮ）を中心とした平和の流れが、危機のなかでも「対話と協力で平和を築く」という着実な歩みを進めています。ヨーロッパでも大軍拡と軍事ブロックの強化という大逆流に屈しない、左翼・進歩政党が健闘しています。

そして、日本でも、大軍拡を許さない新しい市民的・国民的運動が開始されています。これまでにない広範な方々が「こんな道は許さない」という声をあげ始めています。

今年は、世界でも日本でも、「戦争か、平和か」が問われる歴史的な岐路の年になると思います。「岸田政権の大軍拡を許さない」――この一点で力をあわせ国民的大運動をつくっていきたいと決意しています。また、国際的連帯をさまざまな形で発展させていきたいと考えています。

戦後安保政策の大転換

安保法制が敷いた危険な道を、これまでの制約を踏み越えて、全面的に推進する

小木曽　たいへん勇気と元気の出るお話でした。「安保3文書」が「戦後の安保政策の大転換」と言われている意味について、まず総論的にお話しいただきたいと思います。

志位　「大転換」というのは、「安保3文書」が自分で言っていることです。「安保3文

志位和夫委員長

書」は、安保法制で「安全保障上の事態に切れ目なく対応できる枠組み」を整えた。今回の戦略は、その「枠組み」にもとづき、「戦後の我が国の安全保障政策を実践面から大きく転換するもの」だとのべています。

つまり、安保法制では集団的自衛権行使＝「戦争国家づくり」の〝法制面〟の整備を行った。今度は〝実践面〟でそれを担う自衛隊の能力を抜本的に強化し、国家総動員体制をつくるのだと宣言をしているのです。

小木曽　安保法制の動きを「安保3文書」でさらに推し進めるということですね。

志位　そうです。安保法制は集団的自衛権行使に道を開いたわけですが、実際に行使するとなると大きな制約がありました。当時、政府は、安保法制で集団的自衛権を行使する具体例をあげましたが、自衛隊の活動は基本的には公海上にとどまっていました。

「海外の他国の領域で武力攻撃ができるのはどういうケースか」と聞きますと、「ホルムズ海峡の機雷除去だけです」というのが政府答弁でした。なぜそうなったのかというと、「敵基地攻撃能力は持たない」ということが前提とされていたからです。

今度は、敵基地攻撃能力を保有する――米軍と一体に相手国に攻め込むための能力を持つことになる。安保法制が敷いた危険な道を、これまでの制約を踏み越えて、全面的に推進する。これが「安保3文書」が目指すものです。

アメリカの危険な戦略に日本を丸ごと組み入れる

小木曽　この大転換はどこからはじまったのでしょうか。

志位　ズバリ〝米国発〟のものです。2020年、トランプ政権のエスパー国防長官が日本に対して「GDP2%の防衛費」という提起をし、岸田首相は、21年12月、「敵基地攻撃能力保有の検討」を初めて表明しました。さらに、22年5月の日米首脳会談で、敵基地攻撃能力の保有検討と、軍事費の「相当な増額」を対米誓約しました。

ですからアメリカは「安保3文書」を大歓迎です。バイデン大統領ら米政府高官から次々と歓迎が表明され、エマニュエル駐日大使は「岸田首相は素晴らしい勇気を示した」などと天まで持ち上げました。

小木曽　「言うとおりによくやった」というお褒めの言葉ですね。

志位　この問題を、もう少し長いスパン（期間）で見てみますと、オバマ、トランプ、バイデン政権に共通している政策は、まず米国の対中国戦略を、軍事・外交・経済で一体でつくり、その戦略に日本を軍事・外交・経済で一体で組み込んでいく。これがこの間、米政権が追求してきたことです。

小木曽陽司・赤旗編集局長

とくに軍事面では、例えば、米議会は6年前から「太平洋抑止イニシアチブ」（PDI）なる構想をはじめて、巨額の拠出を続けています。米中が「第1

列島線」と呼ぶ南西諸島、台湾、フィリピンにいたる地域の島々に沿って、精密打撃ネットワーク、地上配備の対艦、対地打撃力を構築し、そこに同盟国を参加させていく方針に沿ったものです。今回の敵基地攻撃能力の保有決定は、こうした米政府・議会の年来の戦略に付き従っての具体化にほかなりません。

小木曽　すべてはアメリカの書いたシナリオですね。

志位　すべてはアメリカの手のひらのうえで岸田政権は踊っているということです。

「勝手に決めるな」――解散・総選挙で国民の信を問え

小木曽　そんな大転換を、選挙で信を問うことも、国会でのまともな審議もなしにというやり方への批判も広がっています。

志位　「勝手に決めるな」という声が広がっています。岸田首相は、この前の参院選でも、軍拡について問われて、「内容、予算、財源を一体に決める」としか言わなかった。秋の臨時国会でも、この問題を問われると、「知らぬ、存ぜぬ」「検討中」の一点張りでしたでしょう。その直後に一片の「閣議決定」で決めていく。これだけの大転換を、民主主義を踏みつけにしたやり方で強行するなど、絶対に許されるものではありません。

通常国会で徹底的に追及し、即時撤回を求めて頑張ります。統一地方選挙でノーの審判を下すよう訴えていきたい。そして、こういう安全保障政策の大転換を、国民の信を問わずにやっていいはずがありません。解散・総選挙で国民の信を問えと要求してたたかいたいと思います。

憲法と立憲主義の破壊

敵基地攻撃能力の保有――憲法違反、立憲主義の破壊

小木曽　「安保3文書」の最大の新たな踏み込みは「反撃能力」の名で敵基地攻撃能力の保有を宣言したことにあります。そもそも憲法との関係でそんなことが許されるのでしょうか。

志位　明らかな憲法違反です。1959年、当時の防衛庁長官の答弁で、敵基地攻撃について「法理的には可能」としながら、「平生から他国を攻撃するような、攻撃的な脅威を与えるような兵器を持っているということは、憲法の趣旨とするところではない」と明確にのべています。「法理」――理屈のうえでは自衛権として認められるが、「保有」は憲法違反とされた。この立場はその後も繰り返しのべられてきました。この政府見解にてらせば、敵基地攻撃能力を保有することが憲法違反だということは明瞭です。

ところが「安保3文書」を読みますと、「法理的には可能」という部分だけを切り取って、「保有」は憲法違反という部分は無視している。憲法判断を大転換させたにもかかわらず何の説明もないのです。国会と政府との関係で確立した答弁を変更するのに、何の説明もないというのは、立憲主義の乱暴な破壊でもあります。

他国に「攻撃的な脅威を与えるような兵器」とはどのようなものか

小木曽　保有が「憲法の趣旨とするところではない」とされる、他国に「攻撃的な脅威を与えるような兵器」とはどのようなものとされてきたのでしょうか。

志位　政府は、憲法9条が保有を禁止している「戦力」とは「自衛のための必要最小限度を超える実力」だと解釈したうえで、「性能上専ら他国の国土の壊滅的破壊のためにのみ用いられるいわゆる攻撃的兵器」を保有することは、自衛のための必要最小限度を超えることとなり、いかなる場合も許されないとして、その例として大陸間弾道ミサイル（ＩＣＢＭ）、長距離戦略爆撃機、攻撃型空母などをあげてきました。

この解釈にてらしても、長射程のトマホーク・ミサイルなど相手国の脅威圏の外からミサイルを撃つ「スタンド・オフ・ミサイル」の保有、「スタンド・オフ・ミサイル」を装着できる戦闘機の導入、空母として運用することを可能にした全通甲板の護衛艦の改修、それに搭載が予定されている戦闘機（Ｆ35Ｂ）の取得など、一連の敵基地攻撃能力の保有が、憲法上どうして「戦力」でないといえるのか。説明はつきません。まさに「他国の国土の壊滅的破壊」のための兵器ではありませんか。

政府のこれまでの憲法解釈にてらしても、今保有しようとしている敵基地攻撃能力は、憲法が禁止した「戦力」そのものであり、その保有は憲法違反です。

「専守防衛に徹し」という「大ウソ」

小木曽　もう一つ、「専守防衛」という大原則に照らしても、成り立たない話になりますね。

志位　「安保3文書」を読みますとこういう一節があるんですよ。「専守防衛に徹し、他国に脅威を与えるような軍事大国とはならず」。よくもこういうことが書けたものだと。

小木曽　ぬけぬけと。

安保関連３文書閣議決定に反対する緊急行動参加者たち＝2022年12月15日、衆院第２議員会館前

志位　これはまさに「大ウソ」です。ＧＤＰ比２%の軍事費にするとなったら、日本は、アメリカ、中国につぐ世界第3位の軍事大国になる。トマホーク・ミサイルのような長射程のミサイルをどんどん買い入れよう。「他国に脅威を与える軍事大国」そのものではないですか。

さらに政府は、ここで一つ大きな論理矛盾を抱えることになったと思います。というのは、政府は、敵基地攻撃能力を保有する目的を、「抑止力」を高めるためだと説明しているわけです。それでは政府のいう「抑止力」とは何かというと、相手国に脅威を与えることによって初めて成り立つ話なのです。

実際、「安保3文書」を読みますと、敵基地攻撃能力を保有することの目的は、相手国に脅威を「しっかりと認識させる」ことにあると書いてある。他国に脅威を与えることを目的にした兵器を保有しながら、「他国に脅威を与える軍事大国にならない」と。これは全くの自己矛盾ではありませんか。

敵基地攻撃能力保有は「専守防衛」の完全な放棄になる

小木曽　ここで「専守防衛」とはそもそも何か。そもそも論をお話しください。

志位　岸田首相は、「安保3文書」を決めたあとの記者会見で、専守防衛について次のように定義づけました。

「①相手から武力攻撃を受けたとき初めて防衛力を行使し、②その対応も自衛のための必要最小限にとどめ、③また、保持する防衛力も自衛のための必要最小限のものに限るなど、憲法の精神にのっとった受動的な防衛戦略」

ここでは三つの要素がのべられていますが、第1と第2の要素は、安保法制によってすでに形骸化されています。

第1の要素である「相手から武力攻撃を受けたとき初めて防衛力を行使し」は、日本が武力攻撃をされていなくても、米軍と一緒に武力の行使ができるようになったのが安保法制ですから、形骸化しています。

第2の要素である「その対応も自衛のための必要最小限にとどめ」も、アメリカと一緒に戦争をやるわけですから、「必要最小限」は成り立たなくなってきます。これについては後で詳しく話します。

こうして1番目と2番目の要素は、すでに安保法制によって形骸化しています。ただ第3の要素「保持する防衛力も自衛のための必要最小限のものに限る」は、かろうじて残っていた。ところが、敵基地攻撃能力を持つということは、この第3の要素も投げ捨てることになるわけです。

小木曽　「専守防衛」の完全な放棄になるわけですね。

志位　そうです。

「専守防衛」の放棄は、憲法9条違反になる

志位　ここでもう一つ、強調しておきたいのは、「専守防衛」と憲法9条との関係です。「専守防衛」というのは、たんなる防衛政策にとどまるものではありません。政府は、自衛隊は憲法9条が禁止した「戦力」に当たらない、「必要最小限度の実力組織」なのだという憲法解釈をとってきました。「専守防衛」とは、この憲法解釈から必然的に導かれるものなのです。つまり、「専守防衛」のいわば受け身に徹する実力組織であるからこそ、自衛隊は「戦力」ではない。これが政府の論理なのです。

ですから、「専守防衛」を完全に放棄した自衛隊というのは、政府の論理からいっても、憲法9条に反する憲法違反の存在になるということになります。

小木曽　「専守防衛」の放棄は、文字通りの憲法9条違反になると。

志位　そうです。

「専守防衛」を投げ捨てることは、地域の緊張と対立を激化させるだけ

志位　そして、それが日本の平和にとってどういう意味をもつか。元外務省高官からも、「専守防衛」というのは近隣諸国に対して「軍事大国にならない」という安心感を与えて、平和的な外交関係をつくるうえでも意義があったということが言われます。これを投げ捨てることは、地域の緊張と対立を激化させるだけの有害きわまりないことになるということも、強調しておきたいと思います。

「敵基地攻撃能力の保有に賛成しますか」と聞くと、賛否拮抗《きっこう》、賛成がやや多いという状況もあります。しかし、「専守防衛は維持すべきですか」と聞いたら、おそらく圧倒的多数の国民は「変えるべきではない」と答えるでしょう。だから「安保3文書」でもそれを変えるとは言えない。「専守防衛に徹する」と書いてある。「徹する」と言いながら、実は投げ捨てようとしている。これは「大ウソ」です。この「大ウソ」を暴いていくことが、とても大事だと思います。

平和の破壊

「自分の国は自分で守る」という「大ウソ」

小木曽　「安保3文書」では「自分の国は自分で守る」ことが強調されています。

志位　敵基地攻撃能力の保有が、「自分の国は自分で守る」ためのものだということは、これも全くの「大ウソ」です。

まず強調したいのは、「軍事対軍事」の悪循環を引き起こすということです。岸田首相は、会見で、敵基地攻撃能力の保有は、「自衛隊の抑止力、対処力を向上させることで、武力攻撃そのものの可能性を低下させる」と説明しました。この説明は、日本がそういうことをやったら、「敵」とみなされた相手国がどういう対応するかを全く考えない、まさに「空想」の産物なんですね。

実際には、相手国は軍事力増強を加速させるでしょう。「軍事対軍事」の悪循環を激化させる。「安全保障のジレンマ」に陥っていくことになるわけです。この「安全保障のジレンマ」の問題を、国会でただしますと首相もなかなか否定できない。どう答えるかというと「そうならないようによく説明する」と言う。しかし、いまやろうとしていることは、相手国の領土まで攻め入って爆弾を落とすという話ですから、そんなことを説明すればするほど、緊張を高め、日本のリスクを高めることになる。

大軍拡は戦争を「抑止」するのではありません。戦争に近づくことになる。戦争への道なのだということを強くいいたいと思います。

「アメリカの戦争に日本を巻き込み」、国土の焦土化をもたらす

小木曽　「自分の国を守る」でなく、かえって「危険にさらす」ということですね。

志位　そうです。そのうえで、もう一つの大問題です。敵基地攻撃能力保有の最大の現実

的危険がどこにあるか。それは、集団的自衛権の行使として敵基地攻撃が行われることにあります。

「安保3文書」では、その可能性を明記しています。「存立危機事態」――「我が国と密接な関係にある他国に対する武力攻撃が発生し、これにより我が国の存立が脅かされ、国民の生命、自由及び幸福追求の権利が根底から覆される明白な危険」が起こったと政府が判断すれば、敵基地攻撃ができると書いてあります。

この長々しい言い回しというのは、安保法制のときに散々議論したことなんですけども、「存立危機事態」で大事なことは、「日本は武力攻撃を受けていない」ということなのです。日本が武力攻撃を受けていないもとでも、米国が戦争を開始し、政府が「存立危機事態」と認定すれば、自衛隊は米軍と肩を並べてたたかう。敵基地攻撃能力を使って、相手国の領土に攻め込む。これは相手国から見れば、日本による事実上の先制攻撃になります。その結果は何か。報復攻撃です。国土の焦土化です。「日本を守る」のではなくて、「米国の戦争に日本を巻き込む」。ここに真実があるのです。

集団的自衛権行使として敵基地攻撃
――自衛隊の武力行使は際限なく拡大していく

小木曽　集団的自衛権行使として敵基地攻撃を行った場合に、攻撃がどこまで拡大するか。際限がなくなるのではないでしょうか。

志位　そのとおりです。そこにもう一つ、大きな問題点があります。

集団的自衛権行使として敵基地攻撃を行った場合に、自衛隊の武力行使を「必要最小限度の実力行使」にとどめる保障が一体どこにあるのか。

安保法制が強行される前は、ある意味では明瞭でした。日本を武力侵犯している他国の軍隊を領域外に排除するために必要な「必要最小限度の実力行使」ということになります。ですから当然、地理的にも武力行使が行われる地域は、日本の領土、領空、領海と、それに近接している公海、公空に限定されるとしていました。武力行使の目的も、他国の軍隊を領域外に排除すれば目的を達成したことになりますから、「必要最小限度」の限界は規定することができるでしょう。

ところが、安保法制の強行後は、「必要最小限度の実力行使」とは一体どうなるのか。これについては安保法制の審議の中での安倍首相（当時）の次のような答弁があります（2014年7月）。

「新三要件に言う必要最小限度とは、我が国の存立が脅かされ、国民の生命、自由及び幸福追求の権利が根底から覆される原因をつくり出している、我が国と密接な関係にある他国に対する武力攻撃を排除し、我が国の存立を全うし、国民を守るための必要最小限度を意味するわけであります」

つまり「他国（米国）に対する武力攻撃を排除」――アメリカの戦争を勝利させるまで、自衛隊は武力行使を続けることになる。そうなってきますと、アメリカが戦争を続ける限り、どこまでも自衛隊はその戦争に付き従っていくことになる。「必要最小限度の実力行使」というのは全く意味をなさなくなります。自衛隊の武力行使は、米軍の戦争に付き従って際限なく拡大していくことになる。その能力を手に入れようというのが、敵基地攻撃能力の保有なのです。

小木曽　恐ろしい話です。

志位　もう際限がないのです。だいたい海外での戦争を一緒にやろうという話ですから、いったん始めてしまったら、日本の自衛隊だけ帰ってくるなどということはあり得ないことです。最後の最後まで、やり抜くということになるわけです。

そもそも敵基地攻撃とは
――全面戦争に乗り出そうということ

小木曽　そもそも敵基地攻撃とはどういうことなのか。ここで整理しておきたいと思います。

志位　はい。ここまで敵基地攻撃という言葉を繰り返し使ってきたんですが、どんな作戦を実際にやろうというのか。

二つの国会論戦を紹介します。

一つは、２０２１年12月に小池晃書記局長が参議院予算委員会で行った論戦です。質問に答えて、当時の岸防衛大臣が答弁で、敵基地攻撃をこう説明した。

「一般論として、相手国の移動式のミサイル発射機の位置をリアルタイムに把握するとともに、地下に隠蔽《いんぺい》されたミサイル基地の正確な位置を把握し、まず防空用のレーダーや対空ミサイルを攻撃して無力化し、相手国の領域、領空における制空権を一時的に確保した上で、移動式ミサイル発射機や堅固な地下施設となっているミサイル基地を破壊して、ミサイル発射能力を無力化し、攻撃の効果を把握した上で、さらなる攻撃を行う一連のオペレーションを行う必要がある」

もう一つは、22年の1月に衆議院本会議での私の代表質問です。当時、安倍元首相が講演で、〝対象を敵基地だけに限定せず、「抑止力」として相手を殲滅《せんめつ》するような打撃力を持たなければ日米同盟はなりたたない〟という趣旨の発言していることを紹介し、「『打撃力』という議論をきっぱり拒否できますか」とただしました。首相の答弁は「コメントを控える」というもので否定しませんでした。

質問する小池晃書記局長＝2021年12月17日、参院予算委

その後、自民党が去年4月に発表した「提言」は、敵基地攻撃能力という名称に代えて「反撃能力」という言葉を使いだします。これは二つの狙いがあったと思います。

一つは、敵基地攻撃というといかにも物騒でしょう。「敵基地」を「攻撃」するとなると相手国領土を攻撃することになるわけですから、非常に物騒な話になります。「反撃」という言葉自体は、受動的に「やられたらやり返す」ということになりますから、まず敵基地攻撃能力の物騒さを隠そうというのが狙いとしてあったと思います。

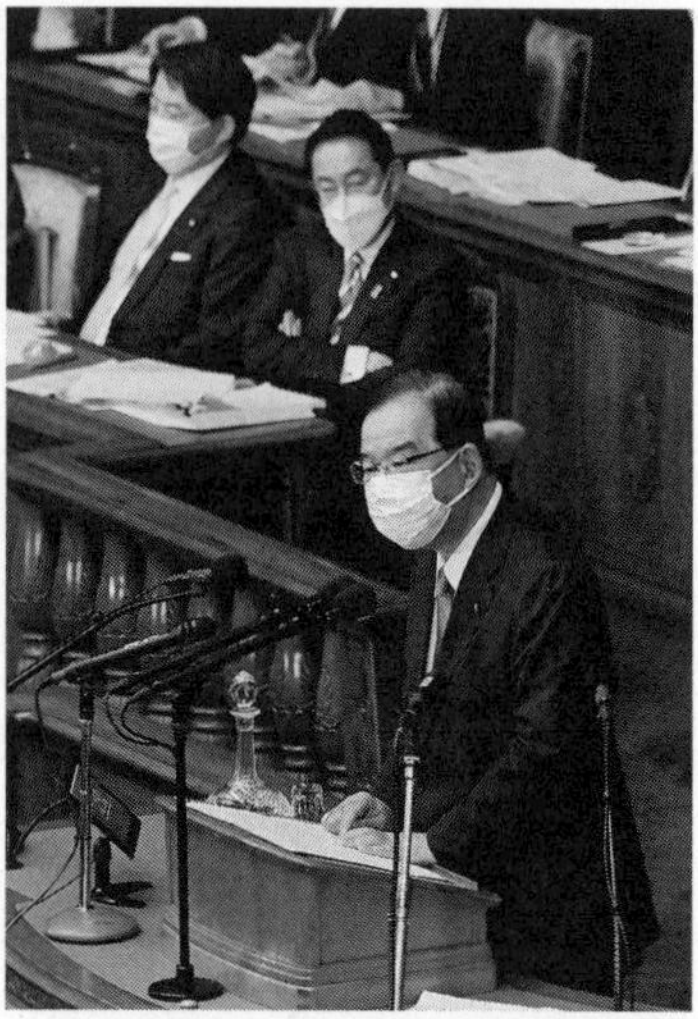

代表質問する志位和夫委員長。その後方は岸田文雄首相＝2022年1月20日、衆院本会議

同時に、攻撃対象を「敵基地」に限定しない、「指揮統制機能」も含むということを、このときに自民党はいいました。日本でいえば首相官邸とか防衛省に当たる中枢も破壊する。そこまでやるというのが「反撃能力」に込めた意味だと説明しました。

このように、敵基地攻撃というのは、実に恐ろしい話なのです。ミサイルを1発撃つという話ではなくて、相手国の基地を全滅させるまでやる。「指揮統制機能」も破壊する。文字通りの全面戦争に乗り出そうということなのです。そのための軍事力を持とうというのが「安保3文書」なのです。

「統合防空ミサイル防衛」（ＩＡＭＤ）
——先制攻撃の戦争に米軍指揮下で参戦

小木曽　「安保3文書」では、敵基地攻撃と防空・ミサイル防衛を一体化させた「統合防空ミサイル防衛」（ＩＡＭＤ）に大きな位置づけを与えています。

志位　敵基地攻撃が、より深くアメリカの戦略に組み込まれる危険が、「統合防空ミサイル防衛」（ＩＡＭＤ）によって生まれてきます。

「統合防空ミサイル防衛」というのは、アメリカが、２０１３年ごろから、中国やロシアの高性能ミサイルに対抗するために、地球規模で同盟国を動員するシステムとして進めてきたものです。これに、いよいよ日本も参加することを宣言したのが「安保3文書」です。「統合防空ミサイル防衛」とはどういうものか。17年4月の米軍の方針『対航空・ミサイル脅威』で定式化されています。それは「三つの重層的な諸作戦からなる」とされ、その第一として、「敵の航空・ミサイル攻撃を未然に防止する。敵の策源地に対する攻撃作戦」とあります。

小木曽　「未然に防止する」とある。

志位　先制攻撃を行うということです。米軍がこの方針に即して、先制攻撃の戦争を開始したときに、米軍指揮下で自衛隊が一体にたたかうというのが、敵基地攻撃の実際の姿になるわけです。

小木曽　いよいよ恐ろしい。

志位　ほんとうに恐ろしいことです。もともとアメリカという国は、戦後、数限りない先制攻撃の戦争をやってきた国です。ベトナム戦争、イラク戦争など、先制攻撃のオンパレードです。そういう国が、先制攻撃を方針に掲げている「統合防空ミサイル防衛」の戦略を推進し、それに参加するのが敵基地攻撃能力の保有だということになりますと、今やられようとしているのは、憲法違反であるだけではない。国連憲章に違反する先制攻撃の無法な戦争に、米軍の指揮の下で自衛隊が参戦するということになります。

「自分の国は自分で守る」という話では全くない。先制攻撃の無法な戦争であってもアメリカの戦争に参加し、勝つまで一緒にとことんたたかうということなのです。

暮らしと経済の破壊

大増税と暮らしの予算の大削減は必至になる

小木曽　こんな大軍拡の財源をどこからまかなうのかということも大問題ですね。

志位　はい。敵基地攻撃能力の保有というのは、自衛隊の装備のあり方としても一大転換で、それをやるには大軍拡が必要になる。「安保3文書」では、「5年間で43兆円の軍事費」、「GDP比で2％」という大軍拡を宣言したわけです。大軍拡を進める限り、大増税と暮らしの予算の大削減は必至になってきます。

政府はどうやって「財源確保」を行おうというのか。四つの問題点があります。

第一は、増税に踏み込むということです。復興特別所得税の半分を軍事費に流用し、期間を延長する。復興のためのお金を詐欺的に流用したうえ、期間の延長ですから庶民増税になります。

第二は、「歳出改革」ですが、どこを削るかは具体的に決まってない。すでに75歳以上の高齢者の370万人の方々の医療費の窓口負担が2倍にされました。年金も削られました。介護の大改悪の計画もあります。社会保障費の大削減が加速することは必至です。岸田首相は、「子どもの予算を2倍にする」と言ってきましたが、こちらは先送りです。暮らしの予算が全面的に圧迫されることは、火を見るより明らかです。

第三は、「防衛力強化資金」という仕掛けです。これは、医療関係の積立金とかコロナ対策費の「未使用分」とか、本来なら医療や暮らしを良くするために使うべき予算を、軍事費に流用しようというものです。

第四は、軍事費に国債をあてることです。「防衛費に国債は使わない」というのが政府のこれまでの国会答弁でしたが、それさえかなぐり捨てる。もともと、戦時国債をどんどん発行したことが、侵略戦争の拡大を支えたという歴史の反省に立って、戦後の財政法では第4条で国債の発行は原則禁止にしたのです。これをかなぐり捨てる。しかも、護衛艦や潜水艦まで国債でまかなうという方針になりました。こうなってくると弾薬やミサイルも国債でとなるでしょう。この面でも歯止めのない大軍拡が進められようとしている。

来年度政府予算案――国の予算のあり方が根底から変わった

小木曽　その初年度の来年度政府予算案では、とてつもない大軍拡予算となりました。

志位　だいたい予想をしていましたが、実際に目の当たりにしてみると、やっぱり怒りで胸がいっぱいになります。

軍事費は、再来年度以降の軍事費に充てる「防衛力強化資金」の繰入分も含めると、前年度比4・8兆円増の10・2兆円。一気に10兆円台となりました。歳出総額114兆円の9％、歳出増加額7兆円の7割が、軍事費関係に充てられる。繰入分を除いても、軍事費は6・8兆円、GDP比で1・2％です。恐るべき大軍拡の最初の姿が現れてきました。

暮らしの予算は、医療、雇用対策、年金、中小企業、農業、子育てと、あらゆる分野で全面圧迫という状況になりました。

国の予算のあり方が根底から変わった。異常な大軍拡が、国の財政に異常な圧力になって働いて、国の財政の姿を大もとからゆがめ、ねじ曲げてしまった。その最初の姿が出てきたというのが来年度予算案です。徹底的に問題点を明らかにして、抜本的組み替えを求めて頑張りたいと決意しています。

「軍栄えて民滅ぶ」の日本にしてはならない

小木曽　1年目からこれではこの先はいよいよ恐ろしいですね。

志位　そう思います。ここでもう一つ言っておきたいのは、大軍拡が5年後の2027年で終わりではないということです。「安保3文書」を読みますと、「10年後までに、より早期かつ遠方で我が国への侵攻を阻止・排除できるように防衛力を強化する」と書いてある。さらに強化すると言っている。

ですから、いったんこの道を進みますと、消費税の大増税が現実のものになってくる。暮らしと福祉の予算は大幅に削られる。日本経済そのものも泥沼に沈んでいく。「軍栄えて民滅ぶ」の日本になってしまう。かつて「富国強兵」という言葉があったけれど、「貧国強兵」という日本になってしまう。この道は止めなければなりません。

対米従属下の国家総動員体制づくりを許すな

小木曽　恐るべき財源論が明らかにされましたが、要は根こそぎ軍事動員の国にするということですね。

志位　「安保3文書」を読みますと、「総合的な国力」ということを何度も強調しています。「我が国の国力を結集した総合的な防衛体制を強化する」とも書かれています。戦前、国の総力を結集した国家総動員体制がつくられました。それを彷彿《ほうふつ》させるものです。文字通りの「国力の総動員」がやられようとしています。軍需産業への特別のてこ入れと育成、軍事分野の官民学の連携強化、空港・港湾などの軍事利用の推進、海上保安庁の軍事への組み込みなどの計画がずらりとならんでいます。

まさに対米従属下の国家総動員体制づくりです。自衛隊のあり方を変え、財政も、経済も、社会も、国民の精神生活も、あらゆる面で、日本の国のあり方を根底から変えて「戦争国家」にしてしまう動きです。絶対に許すわけにいきません。

平和の対案

憲法9条を生かして東アジアに平和をつくる「外交ビジョン」

小木曽　それでは日本の平和と安全をどうやって確保し、地域の平和と安定をどうやってつくりだしていくのか。日本共産党の「外交ビジョン」についてお話しください。

志位　昨年1月の党旗びらきで、憲法9条を生かして東アジアに平和をつくる「外交ビジョン」を提唱し、内外でその実現のために力をつくしてきました。

私たちの「外交ビジョン」の根本の考え方は、一つは、あらゆる紛争を国連憲章に基づき平和的な話し合いで解決する。もう一つは、あれこれの国を排除（エクスクルーシブ）するのではなくて、地域のすべての国を包摂（インクルーシブ）する。こういう原則に立って、東アジアに平和の枠組みを築いていこうということにあります。

私たちは、この10年来、東南アジアを何度も訪問して、そういう方向を現に実践しているのがＡＳＥＡＮだということを生の形で知り、目を大きく開かされてきました。ＡＳＥＡＮは、１９７６年に、東南アジア友好協力条約（ＴＡＣ）を結び、徹底した話し合いを重ねることで、東南アジアを戦争の心配のない平和の共同体に変えてきました。さらに平和の流れをＡＳＥＡＮ域外にも広げていきました。

とくにＡＳＥＡＮがいま、力を入れているのは、ＡＳＥＡＮ加盟10カ国、プラス日本・アメリカ・中国・韓国・ロシアなど8カ国で構成する東アジアサミット（ＥＡＳ）を強化し、ゆくゆくは東アジア規模の友好協力条約を展望しよう、そして東アジアの全体をＡＳＥＡＮのような戦争の心配のない地域にしようという、「ＡＳＥＡＮインド太平洋構想」（ＡＯＩＰ）と言われる構想です。昨年11月に行われたＡＳＥＡＮ首脳会議でも、ＡＯＩＰの取り組みを、ＡＳＥＡＮのあらゆる活動のメインストリーム（主流）にすえて進めていくということを確認しています。

日本共産党の提案というのは、憲法9条を持つ日本こそが、ＡＳＥＡＮと協力して、現にある東アジアサミットという枠組みを生かして、ＡＯＩＰという大構想を共通の目標に据えて、地域の全ての国を包摂する平和の枠組みをつくっていこうというものです。

この地域には、さまざまな紛争問題があります。北朝鮮の問題がある。中国と台湾の関係の問題もある。中国の東シナ海や南シナ海での覇権主義の問題もある。アメリカのこの地域への軍事的関与と覇権の問題もある。いろいろな問題がありますが、どの問題をとっても解決方法は、平和的な話し合いしかありません。そういう個々の諸懸案も、東アジアの平和の枠組みを発展させるなかで、話し合いのテーブルに乗せて解決していく。これが最も現実的な解決方向になるのではないでしょうか。

私は、1年間の内外の激動をへて、いよいよこの道こそが、東アジアに平和をつくる大道だということを実感しています。

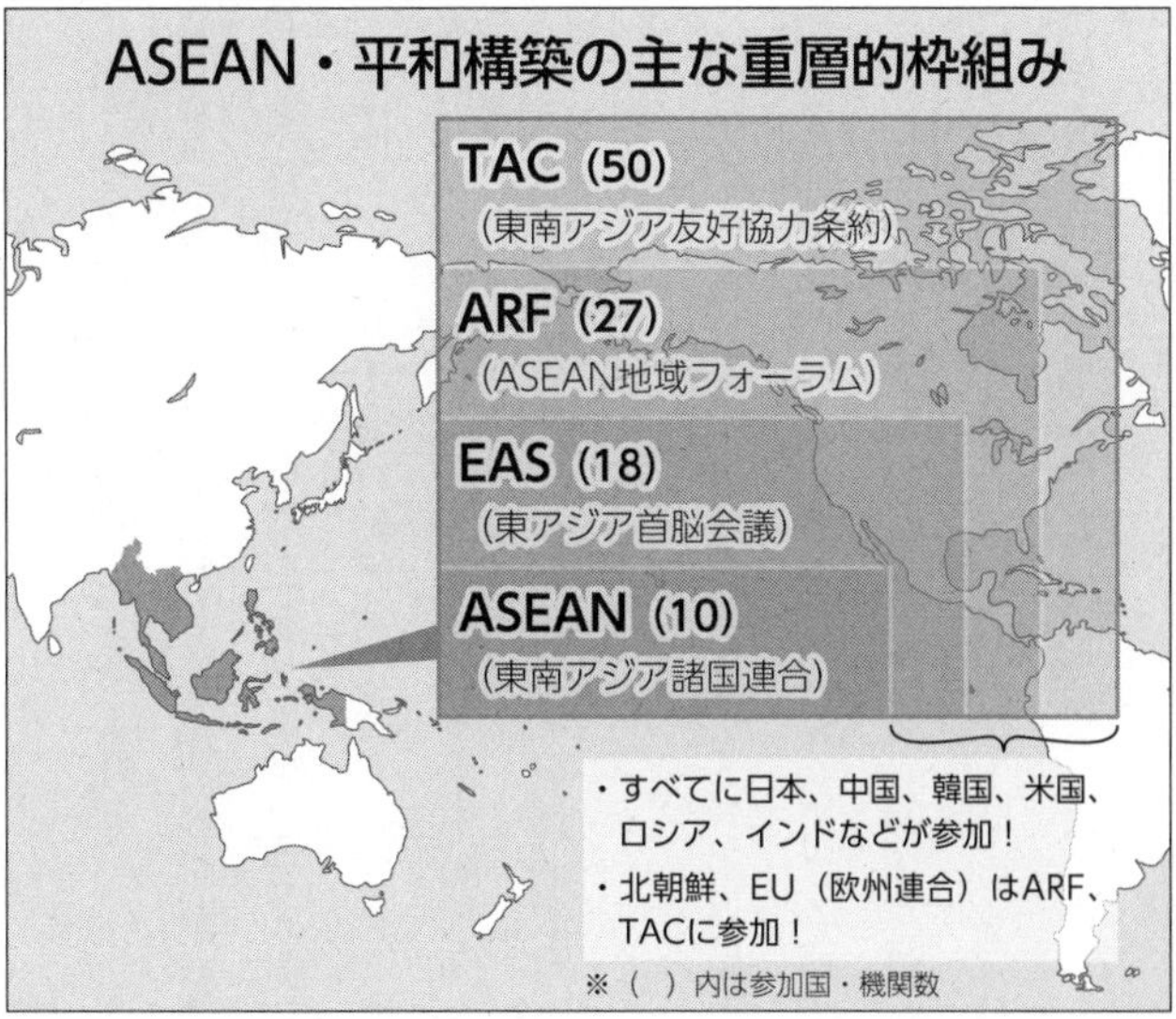

世界の多くの国が、ＡＳＥＡＮとの前向きの関係強化に力を入れている

小木曽　ＡＳＥＡＮの提案は世界からどう受け止められているのですか。

志位　私が、昨年の動きで注目しているのは、世界の多くの国が、「対抗より協力」と訴えているＡＳＥＡＮとの前向きな関係強化に力を入れていることです。

アメリカは、ＡＳＥＡＮとの関係を「包

括的戦略パートナーシップ」に引き上げ、ASEANとの首脳会談をワシントンで開催し、AOIPへの支持を表明しています。

オーストラリアは、ASEANとの首脳会談で、AOIPというASEANの願いを共有し、積極的に具体化を前進させる意思を表明しています。

中国は、南シナ海行動宣言（DOC）の20周年にあたってのASEANとの共同声明で、南シナ海問題の政治的・外交的解決への前向きな方向性を確認しています。

日本も、岸田首相が東南アジアを訪問したさいに、AOIPへの強い支持と協力を表明しています。

去年の12月には、ASEAN・EUの首脳会談が開催され、EUの一層のASEAN重視、関係強化の熱意が示され、ここでもAOIPの原則が確認されました。

そしてASEANとの協力関係の強化を望む各国が、東南アジア友好協力条約（TAC）に加入する動きが世界中に広がっています。最近ではウクライナもTACに加入し、50番目の加入国になりました。

ASEANでは、「ASEANの中心性」という言葉が強調されます。「中心性」とは「自主独立」を守り、主体的、能動的に平和な地域環境をつくるという意味なんです。ASEANは、大国間の対立があってもどちらの側にもつかない。自主的立場を貫く。私は、ここにASEANの強さがあると思います。

そして東南アジアが、いま大きな発展の中にあることも注目すべきだと思います。人口は6億7000万人、日本の主要貿易相手国・地域は、第1位は中国で22・9％ですが、第2

位はASEANで14・9％、第3位のアメリカが14・1％で、アメリカを上回っています。そういう地域がこれだけの平和的な発展をしている。私は、これはアジアにとっての大きな希望であり、世界にとっても希望だと思っています。

アジア政党国際会議――「外交ビジョン」の方向がアジアの政党の総意に

小木曽　アジア政党国際会議（ICAPP＝アイカップ）では、「外交ビジョン」の方向がアジアの本流だということが明らかになりました。

志位　アジア政党国際会議（ICAPP）は、イデオロギーの違いを超え、アジアで活動するすべての合法政党に開かれた平和のフォーラムとして発展してきました。昨年11月のトルコ・イスタンブールでの総会は、11回目の総会になりました。日本共産党はこの国際会議をたいへん重視してきており、2回目の総会以降、ずっと代表団を派遣してきました。私自身も6回目の参加です。ただ今回の総会は特別に大事な意義を持つ総会になったと思っているんです。

日本共産党代表団として、私たちの「外交ビジョン」――とりわけ排他的でなく包摂的な平和の枠組みをつくろうという中心的な考え方が、総会で採択される「イスタンブール宣言」に盛り込まれるようにと、提案を事前に行い、総会の発言もその立場で行いました。ICAPPの執行部のみなさんとも、かなり突っ込んだ懇談の機会があり、その場でも私たちの「外交ビジョン」の立場を話しました。

そうしましたら、最終日に採択された「イスタンブール宣言」に、「ブロック政治を回避し、競争よりも協力を強調する」、「国際法に基づく対話と交渉」が「紛争解決の唯一の道」ということが明記されたんです。

この一文を見たときに、私たちはたいへんに感動しました。「ブロック政治をやめよう」ということがアジアの政党の総意として確認されたのです。「ブロック政治」とはどういうことか。線を引っ張って分断し、相手を排除するということです。「ブロック政治」では、地域に分断が起こり、対立が起こり、緊張が激化します。なかでも一番悪いのは軍事ブロックです。「軍事対軍事」の悪循環をつくります。「ブロック政治を回避し、競争より協力を」ということは、私たちが「外交ビジョン」で提唱している排他的（エクスクルーシブ）でなく包摂的（インクルーシブ）な平和の枠組みをつくろうという立場と、ぴったりと共通する方向です。

日本共産党が、「外交ビジョン」として訴えてきた方向が、「イスタンブール宣言」という形で、アジアの政党の総意として確認されたことはとても大きな喜びでした。

アジアで起こった世界史的変動――この大陸には平和の大きな条件がある

小木曽　なぜこうした画期的な合意が得られたのでしょうか。

志位　背景には、第2次世界大戦後に起こったアジア大陸の大きな変化があると思います。今日のアジアには、紛争や緊張の火種がたくさんありますが、アジア大陸を、20世紀から21世紀という長期のスパンで大局的に見ますと、「敵対と分断」から「平和と協力」への大きな世界史的変動が起こっていることは、間違いない事実だと思います。

さらに、アジアをヨーロッパと比較してみた場合に、いくつかの違いがあるということを強調したいと思います。

第一に、最大の違いは、アジアには軍事同盟が二つしかないということです。日米軍事同盟と米韓軍事同盟しかない。オセアニアの米豪軍事同盟とあわせても三つしかない。東南アジアを中心とした軍事ブロック・東南アジア条約機構（ＳＥＡＴＯ）は解体しました。南アジアから中東にかけて存在していた軍事ブロック・中央条約機構（ＣＥＮＴＯ）も解体しました。ヨーロッパにあるＮＡＴＯのような多国間の軍事同盟は、アジアではすべて解体し、非同盟・中立が圧倒的な流れになっているのです。

ICAPP総会閉会を受けて、あいさつを交わす志位委員長（右から２人目）と鄭義溶議長（その左）、ムシャヒド・フセイン・サイード宣言起草委員長（左端）とエフカン・アラー・トルコ公正発展党副議長（右端）＝2022年11月19日、イスタンブール（鎌塚由美撮影）

第二は、アジアでは、先ほどのべたようにＡＳＥＡＮという平和の共同体が発展し、東アジアサミットのようなＡＳＥＡＮが主導する包摂的な多国間の協力の組織が、アジアの安全保障の重要な担い手になっているということです。これはヨーロッパにはないアジアの大きな平和の財産だと思います。

第三に、アジアで重要な位置を占めて

いる日本が、戦争放棄と戦力不保持を明記した憲法9条を持っているということです。そして、自民党政治によって憲法9条はずいぶん踏みつけにされてきたけれど、自衛隊は戦後1人の外国人も殺さず、戦死者も出していない。「専守防衛」を掲げた国として存在してきた。

ですから私は、ヨーロッパと比べても、アジアには平和の大きな条件があると言いたい。岸田首相はよく「ウクライナは明日の東アジア」という不吉なことを言うけれども、これはアジアの平和の可能性を全く見ない議論だと思います。

欧州で大軍拡に反対を貫く人々との連帯が確認された

小木曽　一方で、欧州での大軍拡にも反対を貫く人々との連帯が確認されたことも、昨年の重要なニュースでした。

志位　いまヨーロッパでは、「欧州のNATO化」という難しい事態のもとで、ヨーロッパの平和勢力は、ものすごい大きな圧力にさらされていると思います。ただ、そういうなかでも、この間の緒方靖夫副委員長を団長とするわが党代表団と欧州各国の左翼・進歩政党との交流を通じて心強かったのは、軍事ブロック強化と大軍拡に断固として反対する確かな流れが存在し、意気軒高で頑張っているということです。

昨年11月に日本共産党代表団は、フランス、スウェーデン、ドイツ、ベルギー、オランダ、オーストリア――六つの国の左翼・進歩政党と交流し、どこでも大歓迎していただき、関係を確立・強化していこうという合意が得られました。

12月には、欧州左翼党（欧州23の国から正式加盟25党、オブザーバー参加12党）の第7回大会がオーストリアのウィーンで開かれ、日本共産党はゲストとして招待され、緒方さんが参加してスピーチを行う機会もありました。

これらの交流を通じて、軍事ブロック強化と大軍拡に〝トランス・コンチネンタル〟で反対しよう――それぞれの大陸を超えて反対しようという合意が得られました。これもとても心強くうれしい出来事でした。

ユーラシア大陸の東西で、大軍拡の逆流が起こっているもとで、これを許さない連帯と協力の関係を、今年もさらに強めていきたいと考えています。

ウクライナ戦争の教訓――包摂的な平和の枠組みの大切さ

小木曽　欧州の左翼・進歩諸党との交流では、ウクライナ戦争の教訓についても話し合われたと聞きました。

志位　欧州で私たちが交流した左翼・進歩政党は、どうやって戦争を終わらせていくかの真剣な模索を続けています。そのなかで、ウクライナ戦争の教訓をどう捉えているかについて、大変印象深いことが語られました。

ヨーロッパには、ロシアも含めて全ての国を包摂した欧州安保協力機構（ＯＳＣＥ）という機構が実はあったし、今でもあるんです。１９７０年代に原型になるものがつくられ、ソ連崩壊後にさらに発展して、99年のＯＳＣＥの首脳会議では、欧州安全保障憲章を制定して、欧州における紛争を平和的に解決するという宣言がされた。ここまで前進したんです。ところが「お互いに敵とはみなさない」と、インクルーシブ＝包摂的な平和の枠組みをつくったにもかかわらず、NATOもロシアもそれを横に置いてしまった。軍事力によって、お互いに相手の攻撃を抑止するという基本戦略を変えなかった。OSCEは、本来の役割を発揮できなかった。侵略戦争を起こしたのはロシアですから、その責任はひとえにロシアにあるわけですが、背景の問題として、そういう外交の失敗があったことが、懇談のなかでも語られたとのことでした。なぜOSCEが横に置かれてしまったのか。ある党の代表がこう答えたそうです。「OSCEが政府間の枠組みとして捉えられていて、民衆の草の根で共有されていなかった」と。

欧州左翼党大会で発言する緒方靖夫氏＝2022年12月10日、ウィーン（吉本博美撮影）

これは非常に大事な教訓だと思います。いま、私たちは、東アジアで平和を創出する「外交ビジョン」を語っていますが、この方向を、本当に日本国民全体のものにしていく、地域の諸国民の全体のものにしていく、そのことこそが平和をつくる道になるということを強く感じました。

私たちがヨーロッパから学ぶべき教訓は、岸田政権が言うように、「軍事力が足らなかったから戦争が起こった」、「軍事同盟をもっと広げるべきだったのに、それをやらなかったから戦争が起こった」ということでは決してありません。その正反対なのです。「軍事対軍事」のブロック対立に陥ったことが、戦争につながってしまった。排他的な軍事同盟では決して平和はつくれない。包摂的な平和の枠組みをつくることこそ平和への道だということなのです。日本共産党が提唱しているような「外交ビジョン」の方向こそ、アジアに平和をつくる道なのだということが、ヨーロッパから学ぶべき教訓だということを、強調したいと思います。

「外交とは軍事なり」――外交不在・軍事一辺倒の岸田政権

小木曽　それにしても自民党には外交が全く見当たりませんね。

志位　本当にそうです。「ブロック政治をやめよう」というのが、いまのアジアの本流になっているときに、最悪のブロック政治をもっと強化しようというのが、いまの岸田政権です。だいたい、自民党はアジア政党国際会議に出てこない。この重要な国際会議に自民党が不在ということ自体が、自民党政治の外交不在・軍事一辺倒を象徴していると思います。

「安保3文書」のなかに、「危機を未然に防ぐ外交を中軸とした取り組み」という項目があるんです。ところが驚くことに、その筆頭に書かれているのは「日米同盟の強化」なんですよ。（笑い）

小木曽　「外交」と言いながら、その筆頭が軍事とは。（笑い）

志位　「外交とは軍事なり」（笑い）というのが、「安保3文書」の考えなんですね。それから次の項目は、「自由で開かれた国際秩序の維持・発展と同盟国・同志国等との連携」という項目です。その中身は、FOIP――「自由で開かれたインド太平洋」なるものです。これはAOIP――「ASEANインド太平洋構想」と全く違うものです。AOIP

は、地域の全ての国を包摂しようという構想です。FOIPというのは、事実上、中国への包囲網として構想されているものです。日米豪印でつくる「クアッド」も強調されていますが、これも事実上の中国包囲網をつくっていこうというものです。

「外交」と言いながら、第1項目は日米同盟、第2項目は「ブロック政治」。

小木曽　「外交不在」を自分で証明するような文書ですね。（笑い）

志位　対米従属のもとでの外交不在、軍事一辺倒――これでは平和はつくれないと、強く言いたいです。

平和の多数派を

カギは「二つの大ウソ」を暴くこと、「平和の対案」を語ること

小木曽　今年、平和を築く国民的運動を発展させるうえで、日本共産党の役割がこんなに重要なときはないと感じますね。

志位　ぜひ今年は、敵基地攻撃能力の保有や大軍拡を許すなという広大な国民的な共同をつくりあげていく年にしていきたい。そして、空前の戦後最悪の戦争への大逆流を打ち破っていく年にしていきたいと決意しています。

私は、国民多数を結集していくカギは、「安保3文書」の「二つの大ウソ」を暴くこと、そして平和の対案を語ること――ここにあると考えています。

「二つの大ウソ」というのは、すでにお話ししてきたように、「専守防衛に徹する」という「大ウソ」と、「自分の国は自分で守る」という「大ウソ」です。これを事実と論理で徹底的に明らかにしていく。

同時に、どうすれば日本の平和と安全を守り、地域の平和と安定をつくっていけるのかという「平和の対案」を語る。今日お話しした「外交ビジョン」を大いに語り広げていきたい。「二つの大ウソ」を暴き、「平和の対案」を語る——これを全国民的規模でやり抜けば、必ず多数派をつくることができると確信します。

小木曽　なるほど。希望が見えてきます。

広く手をたずさえ、暴挙を許さない運動を

志位　そのさい、私は、日米同盟は重要だと考える方、多少の軍事費増は必要だと考えている方も含めて、「岸田政権が進めていることはとても賛成できない」という人々と広く手をつないでいくということが大事だと思うんです。

たとえば、香田洋二さんという元自衛隊の艦隊司令官の方が、朝日新聞のインタビューで、今度の政府の方針について、「本当に日本を守るために、現場が最も必要で有効なものを積み上げたものなのだろうか。言い方は極端ですが、43兆円という砂糖の山に群がるアリみたいになっているんじゃないでしょうか」「身の丈を超えていると思えてなりません」と批判されています。

それから、田中均さんという元外務審議官を務められた方が、こうおっしゃっています。

「私は民主主義的な手続きで防衛費を適正レベルまで増やすことに何の異存もありません。ただ、これは戦後の安保政策の大転換であり、十分な説明もなく唐突にGDP比2％という『額ありき』で予算を倍増させ、何十年も控えてきた反撃能力を取得するというのは驚きです。日本に適切な政策とは到底思えない」

軍事費増は必要だという方、日米同盟は重要だという考え方に立っている方も含めて、岸田政権が決めた「安保3文書」はさすがにおかしいぞ、というたくさんの声が起こっているわけです。そういう方々とも広く手を携えて、「岸田内閣の大軍拡を許さない」の一点で力をあわせ、暴挙を許さない運動を広げていきたいと思います。

党創立101年――平和の党の本領を発揮して奮闘したい

小木曽　今年は党創立101年の年になりますね。

志位　はい。100周年の記念講演でもお話ししましたけれども、日本共産党は、戦前・戦後と命がけで反戦平和を貫いてきた政党です。自主独立の立場で頑張り抜いてきた歴史を持っている党です。そういう平和の党の本領を発揮して奮闘したい。

目前の統一地方選挙で勝利をかちとり、大軍拡ストップの審判を下していきましょう。大軍拡を止め、平和を築くためにも、強く大きな党をつくるとりくみに全力を注ぎたい。読者のみなさんのご協力を心からお願いするものです。

小木曽　長時間、ありがとうございました。

（「しんぶん赤旗」2023年1月1日）

新しい政治つくる旗掲げ

延命と保身の暴走政治は限界

志位委員長にズバリ聞く

元朝日新聞政治部次長
ジャーナリスト　脇正太郎さん

岸田政権が閣議決定した「安全保障3文書」は何が問題なのか。戦争の心配のないアジアをどうつくるのか。岸田政権とどうたたかうのか——。日本政治の熱い焦点の問題について元朝日新聞政治部次長でジャーナリストの脇正太郎さんが日本共産党の志位和夫委員長にズバリ聞きました。

岸田政権とどうたたかう

脇　あけましておめでとうございます。

志位　おめでとうございます。

脇　まずは岸田政権の評価から伺いたい。僕は発足当初、岸田（文雄）首相は自民党リベラル系譜の「宏池会」出身だし、「民主主義の危機」と表明したことで、安倍・菅政権の強権政治を変えると大いに期待していました。

志位　二人の前任者があまりに攻撃的で威圧的な雰囲気を全身から発散していただけに（笑い）、多少は温和な政治になるのかなという期待の向きもあったと思います。ところが期待は幻想だった。大きな転機は安倍晋三元首相の「国葬」の強行でした。国民の6割が反対していたのに強行した。「何が『聞く力』か」と岸田政権の正体を国民が見抜いたように思います。

脇　今ではもう落胆の日々です。敵基地攻撃能力の保有や防衛費のGDP（国内総生産）比2％など「専守防衛」の国是まで破壊しました。もはや安倍政権のタカ派・強行路線の継承者と受け止めています。

志位　継承者というのはその通りですね。ただ、安倍元首相は「海外で戦争する国づくり」という彼なりの「めざす国家像」がありました。そのために秘密保護法、安保法制、共謀罪法をつくっていった。

脇　確信犯でしたね。

志位　確信犯だったわけです。しかし岸田首相を見ていると、首相にはなりたかったが、なったあとで「こんな国をつくりたい」という「信念」のようなものを感じない。では彼の行動原理は何か。政権の延命と保身です。そのためなら何でもやってのける。安倍政治にこびを売って「国葬」を強行する。アメリカに忠誠を誓って敵基地攻撃能力の保有と大軍拡に踏み出す。財界に忠誠を誓って原発政策でも、〝新増設・リプレース（建て替え）はしない〟という従来の政府方針をひっくり返す。「信念」もなく、保身のために安倍政権すらできなかったことを、涼しい顔をしてやろうという。

しい・かずお＝1954年千葉県生まれ。90年に書記局長、93年衆院選で初当選（衆院議員10期目）、2000年から幹部会委員長。著書に『改定綱領が開いた「新たな視野」』、『新・綱領教室』上・下（いずれも新日本出版社）など

わき・しょうたろう＝1954年神奈川県生まれ。時事通信社を経て、89年朝日新聞社入社。社会部次長、政治部次長、電子電波メディア局次長など歴任し、2014年退職。現在ネットメディア「メディアウオッチ100」に参画

脇 延命と保身のために〝逃げる〟という特徴もありますね。昨年の臨時国会では敵基地攻撃能力の保有をはじめ「安全保障3文書」(以下「安保3文書」)について野党の質問をはぐらかし続けました。

志位 「信念」がないから説明もしないで〝逃げる〟。「安保3文書」は、文書自身ものべているように戦後の日本の安全保障政策の大転換です。それなのに選挙で信を問うこともしない、国会の議論もしない、「閣議決定」だけで決めた。民主政治の堕落そのものです。同時に、昨年末の世論調査での内閣支持率の急落に示されるように、説明なき暴走の政治は、いよいよ限界にきていると思います。ここは野党の頑張りどころです。野党が「岸田政権打倒」の断固たる決意と対案を示し、新しい政治をつくる旗を掲げていく年にしていかなければなりません。まずは4月の統一地方選挙で岸田政権への審判を下し、解散・総選挙でも「信を問え」と迫っていく年にしていきたいと思います。

脇さん 安保3文書 〝力対力〟の強行姿勢が露骨

安保法制を上回る危険がある3文書

脇 岸田政権が閣議決定した「安保3文書」には、ロシアによるウクライナ侵略を利用して「力対力」の政策を強行する姿勢が露骨に出ていますね。志位さんはどう読みましたか。

志位 一言で言って、「専守防衛」を完全にかなぐり捨て、「戦争国家づくり」の暴走をいよいよ進めようという文書になっています。「安保3文書」は冒頭に「戦後の我が国の安全保障政策を実践面から大きく転換するもの」だと記しています。

これはどういうことか。２０１５年の安保法制の強行で、集団的自衛権を行使して「海外で戦争する国」の「法制面」での枠組みはできた。今回の「安保3文書」は、それを担う自衛隊の能力の抜本的強化――敵基地攻撃能力の保有と軍事費の倍増という「実践面」の整備を行うというのです。

この点では、「安保3文書」は、安保法制を上回る危険がある。安保法制は、法律を廃止すれば元に戻れますが、「安保3文書」は実行されたら元に戻すのははるかにたいへんです。

憲法と立憲主義の破壊になっていく

脇　そうですね。かなりウソつきなんです。大転換をしながら「専守防衛は不変」なんて書いてある。どこが「専守防衛」なのか。

志位　そこが第一の論点になってくると思います。つまり、憲法と立憲主義の破壊、「専守防衛」の完全否定になっていくということです。

「安保3文書」の最大の新しい踏み込みは、「反撃能力」の名で敵基地攻撃能力を保有することです。これは従来の政府の憲法解釈を百八十度覆すことになります。

政府は、敵基地攻撃については「法理的には…可能」（１９５６年2月）だが、「平生から他国を攻撃するような、攻撃的な脅威を与えるような兵器を持っているということは、憲法の趣旨とするところではない」（59年3月19日）と答弁してきました。敵基地攻撃能力のような〝他国に攻撃的脅威を与えるような武器の保有〟は憲法解釈の大変更になるわけで、憲法違反です。ところが「安保3文書」にはなぜ解釈を変えるのか、一言も書いていない。憲法にもとづく政治の否定――立憲主義の破壊です。

脇さん　ウソつくなよと。怒りに震えました

「専守防衛」は二枚舌

志位　「安保3文書」は恥知らずにもこう書いてある。「専守防衛に徹し、他国に脅威を与えるような軍事大国にならない」

脇　ウソつくなよと言いたいですね。（笑い）

志位　よくこんなことが書けますね（笑い）。軍事費倍増とは、アメリカ、中国に次ぐ世界第3位の軍事大国になることです。敵基地攻撃のために他国本土も攻撃できる長射程巡航ミサイル・トマホークを500発も持つ。これが「他国に脅威を与えるような軍事大国」でなくて何なのか。

〝他国に脅威を与えない〟と言いながら敵基地攻撃能力保有で脅す。こういうのを「二枚舌」というんです。「安保3文書」の大ウソの一つが、「専守防衛に徹する」です。

脇　「安保3文書」のこの部分で怒りに震えました。

「自国守る」も大ウソ

脇　日本には原発が林立しているのに、報復される事態を避ける展望はなく、標的にされれば大惨事を覚悟しなければならない。こんなことは誰でもわかることです。

志位　おっしゃる通りです。「安保3文書」には、もう一つ、大ウソがあります。敵基地攻撃能力の保有は「自分の国を自分で守る」ためのものだというものです。これも大ウソです。

何のための敵基地攻撃能力保有か。本命は、米軍が地球規模で行う戦争に、自衛隊が敵基地攻撃能力を使って、肩を並べてたたかう。ここにある。「安保3文書」は、安保法制で集団的自衛権を行使する場合にも、敵基地攻撃能力は使えると、はっきり書いてあります。つまり、日本に対する武力攻撃がないもとで、米軍が始めた戦争に、集団的自衛権を発動して参戦する。その時に、敵基地攻撃能力を使って相手国本土まで攻め込む。トマホークなどの長射程ミサイルを撃ち込む。そうすればどうなるか。甚大な報復攻撃を招くことは火を見るより明らかです。「日本を守る」どころか、日本を全面戦争に巻き込むのが「安保3文書」の行きつく先です。

脇　「自分の国は自分で守る」は大ウソですね。かつて中曽根（康弘元首相）さんが〝日本は米国の不沈空母〟と言いましたが、それをほうふつさせます。岸田政権は米国の戦争で日本の国土が焦土化されても構わないのか。

脇《さん》　ただ、敵基地攻撃能力保有で世論は拮抗

二つのウソを暴き平和の対案示す

脇　ただ世論調査では敵基地攻撃能力保有への賛否は拮抗《きっこう》しています。

志位　うーん。国民の不安が背景にあるのだと思います。ただ、いまお話しした〝二つのウソ〟――「専守防衛に徹する」のウソ、「自分の国は自分で守る」のウソを明らかにしていけば、必ず世論は変わると思います。

もう一つは、後でもお話ししますが、どうやって戦争の心配のない東アジアをつくるかという「外交ビジョン」を明らかにしていく。〝二つのウソ〟を暴くことと、平和の対案を示すこと、そして国民の共同したたたかいで、世論は必ず変えられる。

脇　メディアはしっかりしなくてはなりません。

志位　「しんぶん赤旗」はいよいよ活躍のしどころです。

大軍拡推進で暮らし犠牲は避けられない

脇　軍拡増税が話題です。メディアがさかんに自民党内で増税反対論が出ていると報じたけれど、（軍事費をＧＤＰ比）２％にするとか、敵基地攻撃能力保有に反対すると言ったうえで、増税にノーなら、論理的にすっきりするんですけれどもね、それを言わないのは本質

を避けた議論だと思う。

志位　本当にそうです。大軍拡をやめればすむ話です。大軍拡を進めるかぎりは、どんなにごまかそうと、どんな手段を用いようと、大増税と暮らしの予算の削減は必至になります。

政府は、復興特別所得税の半分を軍事費にあて、この仕掛けの期間を延長するとしています。復興のためのお金を詐欺的に流用したうえ、さらなる庶民増税を進めるというものです。「歳出改革」といっていますが、どこを削るかは具体的には何一つ決まっていません。

脇　確実に社会保障費がやり玉にあがるでしょうね。

志位　すでに、高齢者の医療費窓口負担の2倍化など医療・介護・年金の大改悪が次々に行われてきました。社会保障費の大削減がさらに加速することは必至です。

脇　岸田首相は〝子ども予算倍増〟と言っていましたが、その議論は一体どこに行ったのか。

志位　こっちは先送りです。それと「防衛力強化資金」とあるのがくせものです。

脇　新しくつくる仕掛けですね。

志位　そうです。これがひどいのは、医療関係の積立金やコロナ対策費の「未使用分」など、本来は医療や暮らしにあてるべき予算を流用しようとしていることです。医療関係者はかんかんに怒っています。

そして「国債」の増発です。「防衛費に国債は使えない」という政府見解をかなぐり捨てるものです。「戦時国債」が日本の侵略戦争の拡大を支えたという歴史の反省を完全に踏みつけにして国債の増発をしようというものです。絶対に許されません。

脇　戦前の悲惨な歴史から学んでいない。ありえない財源構想ですね。

数兆円単位の大増税の危険が

志位　それにくわえて、増税以外のいまいったいろいろな「財源確保策」は予定通りいく保証がない。「防衛力強化資金」は一度使えば枯渇する「埋蔵金」のようなもので、恒久財源にはなりません。「決算剰余金」も「財源」にするというが…。

脇　「決算剰余金」は補正予算に使ってきたものですよね。補正予算の財源はどうなるんですか。打ち出の小づちでもあるのかと言いたい。

志位　本当に何を考えているのか（笑い）。結局、軍拡増税は「1兆円超」ではすまなくて、数兆円単位に膨れ上がる可能性があります。

もう一つある。大軍拡は5年後の2027年で終わりではありません。「3文書」は「10年後までに、より早期かつ遠方で我が国への侵攻を阻止・排除できるように防衛力を強化する」と記しています。〝さらなる大軍拡を進めるぞ〟と宣言している。お金がいくらあっても足らない。

脇　そうなれば消費税増税を言いだすうえ、「国債」の増発で戦時国債の悪夢が再来しますね。

志位　そうです。この道を進めば、消費税大増税が現実のものとなり、暮らし・福祉の予算は大削減され、経済は泥沼に落ち込んでいく。〝軍栄えて民滅ぶ〟の日本に絶対にしてはなりません。

脇《さん》　共産党が打ち出す外交ビジョンとは？

アジアに包摂的な平和の枠組みを

脇　共産党が打ち出されている「外交ビジョン」、東アジアのすべての国を包摂する平和の枠組みをつくっていくというのは素晴らしいと思うんですけれども、具体的にお話しいただけませんか。

志位　私たちの「外交ビジョン」の基本に据えている考え方は、①あらゆる紛争を国連憲章にもとづき平和的な話し合いで解決する、②あれこれの国を排除するのではなく、地域のすべての国を包摂（インクルーシブ）する――こうした原則にたった平和の枠組みを築くことです。

こういう方向を現に実践しているのがASEAN（東南アジア諸国連合）なんです。いまASEANは、加盟10カ国プラス日米中ロなど8カ国で構成する東アジアサミット（EAS）を強化して、東アジア規模の友好協力条約を展望する、大構想――ASEANインド太平洋構想（AOIP）を推進しています。昨年11月のASEAN首脳会合でも、AOIPの取り組みをメインストリーム（主流）にすえて進めていこうと決めています。

私たちの提案は、憲法9条を持つ日本こそが、ASEANと協力して、現にある東アジアサミットという枠組みを生かして、ＡＯＩＰという提案を共通の目標にすえて、地域のすべての国を包摂する平和な枠組みをつくっていこうというものなんです。

脇　なるほど。日米安保条約はどう位置づけるのですか。

志位　この地域には日米、米韓、米豪の軍事同盟があります。日本共産党としては国民多数の合意で日米安保条約の解消を求めますが、「外交ビジョン」は、軍事同盟に対する態度の是非を超えて協力していこうというものです。

岸田政権の〝外交は軍事〟とは何か

脇　岸田政権には「外交」で平和を実現する構想が見えてきませんね。

志位　「安保3文書」を読んでいくと、「危機を未然に防ぐ…外交を中心とした取組」という項があるんですが、その筆頭は「日米同盟の強化」とある。

脇　〝外交とは軍事なり〟という発想ですね。

志位　次の項目は、「自由で開かれた国際秩序の維持・発展と同盟国・同志国等との連携」ですが、その中身は、「ＦＯＩＰ」（自由で開かれたインド太平洋）や「日米豪印（クアッド）」など、事実上の中国包囲網をつくっていこうという構想です。あれこれの国を排除（エクスクルーシブ）して包囲していけば、地域の分断と緊張を激化させるだけです。

アジア政党国際会議が開催
ブロック政治回避　平和の本流示す

脇　〝力に頼らない平和への道〟をアピールしないといけない時だと考えるのですが。

志位　昨年11月、トルコのイスタンブールでアジア政党国際会議（ICAPP）というアジアのすべての合法政党に開かれた国際会議がありました。私も出席して、私たちの「外交ビジョン」について発言しました。最終日に採択された「イスタンブール宣言」には、「ブロック政治を回避し、競争よりも協力を強調する」という内容が盛り込まれたんです。私たちの構想と一致する方向が、アジアの政党の総意として確認された。

いまアジアで軍事同盟は三つしかありません。日米と米韓と米豪です。東南アジアにあったSEATO（東南アジア条約機構）も、中東にあったCENTO（中央条約機構）も解体しました。アジアは圧倒的に非同盟・中立です。「ブロック政治をやめよう」というのがアジアの主流になっているときに、最悪の「ブロック政治」をいまだに続けているのが日本なんです。

脇　日本にいると軍事ブロックが解体していることになかなか気がつきませんね。

志位　ブロック政治、軍事ブロックが当たり前だという空気がある。自民党はこの国際会議に出てないんです。

脇　誰もいなかったんですか。

志位　自民党にも招待状はいっているはずなのに、出てこない。「外交は重要」と言いながら、外交不在・軍事偏重を象徴していると感じました。

欧州左翼党大会に参加
大軍拡と軍事同盟反対で欧州と連帯

脇 ヨーロッパとの連携の可能性はどうでしょうか。

志位 ヨーロッパでは、ウクライナ侵略が起こるもと、「欧州のＮＡＴＯ（北大西洋条約機構）化」と呼ばれる軍事ブロック強化・大軍拡の動きが起こっています。私たちがこの間の外交で心強かったのは、そうした難しい情勢のなかでも、それに反対する流れも存在しているということです。

昨年11月、緒方靖夫副委員長を団長に、欧州各国を訪問し、左翼・進歩政党との交流と連携を強化する新しい努力を行ってきました。さらに、12月に欧州23カ国の左翼・進歩政党で構成される欧州左翼党の第7回大会（オーストリアのウィーン）が開催され、日本共産党も招待されて、代表団が来賓として参加したんです。

緒方さんが発言し「軍事ブロック強化と軍事費大幅増に共同して反対しよう」と呼びかけたのですが、大歓迎を受けました。新議長となったワルター・バイアーさんは、就任演説で緒方さんの呼びかけに呼応するスピーチを行い、大会で採択された決議には「より公平で平和な世界は軍事同盟ではなく、政治的な合意で築くべきだ」「劇的な軍事費増額にストップを」と明記されたんです。

ユーラシア大陸の東西で大軍拡の逆流が起こっているもとで、これを許さない連帯と協力の関係を強めていきたいと思います。

脇《さん》　かつての自民リベラルが「専守防衛」破壊

90年代の自民党は幅と奥行きあった

脇　自民党リベラルといわれてきた「宏池会」出身の岸田首相が「専守防衛」を破壊するもとで、平和外交を説く日本共産党こそがいまやリベラルの体現者になっているように見えます。

志位　「宏池会」で思い出すのは、かつて会長を務めた加藤紘一さん（元衆院議員、16年死去）が自民党幹事長だった90年代に、テレビで毎週のように〝自共対決〟の論戦をやったことです。当時、私は国会議員になりたての書記局長でしたが、「正面論争で共産党に打ち勝てる自民党じゃないと明日はない」という気迫を加藤さんから感じました。

脇　議論が大好きな人でしたね。

志位　立場はもちろん違いますが、熱のこもった討論で互いに通い合うものがありました。

その加藤さんが衆院議員を引退した後、彼の番組に呼ばれて対論（07年）したことがあるんです。第1次安倍政権が提唱した「価値観外交」が話題になって、私が「価値観で分断するのは良くない。包摂が必要でASEANは現にそうしている」と話したら、加藤さんも「まったくそうだ」「共通の価値観と言えば、共通でない価値観はどこだとなる。これは良くない」と、意気投合したことを思い出します。いま私たちが主張している、地域のすべての国を包摂する平和の枠組みに通じる発言です。

脇　今の自民党には加藤さんのような人物がいなくなりましたね。もし加藤政権が誕生していたら、自民党は別の形になっていたでしょう。

志位　90年代までは自民党は幅を持っていました。加藤さんのような方もいて懐も深かったし、論争しても議論がかみ合って実に面白かった。2000年代に入ると、それがだんだん弱くなってきて、安倍さんが首相になってからは幅も奥行きも全くなくなってしまい、モノトーンの〝独裁〟政党になってしまいました。

脇　僕もかつて「朝日新聞」の名刺を持って自民党の政治家に取材に行くと「おまえらは敵性メディアだ」とか言いながら（笑い）、なんだかんだ論争をしたがる。議論しながら情報をとるのが僕らの仕事だったんですが、今は排除されてしまう。（笑い）

志位　取材の場面でも自民党の劣化を感じていると。（笑い）

「宏池会」出身の政治家といえば、引退された河野洋平さん（元官房長官、元衆院議長）もとても印象深い方です。河野さんは自民党が政権を失った宮沢政権の事実上最後の日に官房長官として従軍「慰安婦」談話（1993年8月4日）を出しました。談話を出さず頰かむりすることもできたでしょう。しかし〝政府として慰安婦のみなさんの調査をしてきた以上、出さなきゃいけない〟と、筋を通して発表した。河野談話は今でも大きな値打ちがあります。自民党落城の日に発表したのは、河野さんの一つの大きな見識だったと思います。

「専守防衛をかなぐり捨てた大軍拡許さない」大運動を

脇　いまの「宏池会」や自民党をみていると、かつて後藤田正晴さん（故人・元官房長官）が憲法9条改正をめぐって〝戦争体験を知らない世代が、知らないがゆえに、過去の歴史の教訓に思いを致さず、安全保障や防衛で前に進み過ぎる〟と警鐘を鳴らしていたことを思い出します。保守的な人たちのなかにも「安保3文書」や岸田政権に対し「冗談じゃない」と怒りを募らせている人もいると思うんです。支持を広げられませんか。

志位　「専守防衛」を壊し、軍事費を2倍にしていくやり方は「いくらなんでも反対だ」という方はたくさんいらっしゃると思うんです。今年はそうした方々と広く協力して、「専守防衛をかなぐり捨てた大軍拡は許さない」の一点で国民的な大運動をやっていきたい。それを通じて市民と野党の共闘の再構築をぜひはかっていきたいと考えています。

脇《わき》さん　統一協会の政治への影響は

反動化をすすめた影響計り知れない

脇　統一協会が政治に及ぼした影響についてどうお考えですか。

志位　歴史で見ることが大事だと思います。統一協会が日本で本格的に根を持つようになったのは68年です。笹川良一、児玉誉士夫、岸信介という3人の元A級戦犯容疑者が発起人になって国際勝共連合を日本でつくりました。これが自民党と統一協会＝勝共連合の癒着の出発点でした。

これ以来、自民党は統一協会＝勝共連合を反共と改憲の先兵として利用し続けました。一方、統一協会＝勝共連合は、自民党の庇護《ひご》の下に「霊感商法」をはじめとする反社会的行動を拡大していきました。

さらに、70年代から80年代には、統一協会＝勝共連合との癒着が自民党という政党全体に広がっていきます。70年の京都府知事選での反共策動、73年の東京都議選での「自由社会を守れ」という反共キャンペーン、そして78年の京都府知事選挙では、反共策動の前面に勝共連合が登場し、自民党府政を復活させました。

さらに、2000年の総選挙です。最終盤に正体不明の謀略ビラがものすごい規模でまかれました。当時、委員長だった不破（哲三）さんや、書記局長だった私の顔の写真を載せ、「暴力革命だ」という調子で…。当時は出所不明だったのですが、勝共連合自身が出した年表に2000年の総選挙で反共キャンペーンをやったのは自分たちだと書いてありました。

脇　自慢げに？

志位　自慢げに書いてあります。（笑い）

そして、第2次安倍政権（12～20年）です。15年に統一協会が名称変更をします。安倍元首相は、統一協会を利用して参院比例票の「票」の差配までしていました。底なしの癒着関係がさらに広がりました。

自民党は、日本の政治の反動化と反共のためにこの勢力を利用し、また利用されてきました。日本の政治をどれだけ悪くしたかは計り知れません。
歴史的癒着の全貌を徹底的に明らかにするまで頑張ります。

「反共デマは統一協会と同じ」と批判が

脇　統一協会とたたかってきたのは共産党だとアピールすることで、信頼獲得や反共をはねのけることができませんか。

志位　それはあると思います。政府は相変わらず「日本共産党は暴力革命」とのデマを繰り返しています。全くのデマですが、そういうデマが出てきたときにネット上では「自民党の言っていることは統一協会と同じ」「自民党は統一協会の手下か」という批判が起こりました。

統一協会がとんでもない反社会的団体だというのは、かなりの国民の共通認識になっています。その団体が「反共」の突撃隊でもあった。そういうなかで「反共」をうさんくさく感じる人が増えている。統一協会と正面からたたかってきた日本共産党への信頼も感じます。「共産党へのデマ攻撃は統一協会と同じ、統一協会の思うつぼ」と言いやすくなりましたね。（笑い）

脇《わき》さん　政策の根幹は「内部留保を賃上げ支援に」

異常円安の三重構造――内需活発にする政策へ大転換が必要です

脇　暮らしや経済の問題で共産党は、企業の内部留保への課税を財源にして中小企業の賃上げ支援に充てるといいます。これが経済政策の根幹になりますか。

志位　今の物価高騰の大きな要因として異常円安の問題があります。異常円安がなぜ起きているかを考えると、直接には、アベノミクスの「異次元の金融緩和」という金融政策の失敗があります。

しかし、それだけではありません。破綻しているのは金融政策だけでなく、自民党の経済政策の全体であり、それが日本経済全体をもろく弱いものにしてしまっている。

いま貿易赤字が広がっています。昨年10月のデータでは2兆円以上の赤字で、赤字は15カ月連続です。１９７９年以降では最大の貿易赤字幅です。円安になれば、普通は輸出企業の競争力を強くするのに、日本の製造大企業の多くはすでに海外に生産拠点を移しているために、円安にもかかわらず輸出が伸びず、貿易赤字が拡大している。エネルギーと食料を海外に頼る政策を続けていることも、貿易赤字を拡大させている。貿易赤字が広がっていく国は、自国の通貨を外貨に交換する需要が高くなり、その通貨は安くなるのです。

さらに根本には、日本が長期にわたって、「賃金が上がらない国」になり、そのために

「成長ができない国」になってしまっているのです。成長できないことが「日本売り」を招いているのです。

金融政策の失敗、構造的な貿易赤字、経済全体の停滞――。三重構造が積み重なって異常円安が起きています。

経済政策の大転換が必要です。その処方箋は、金融頼みをやめて実体経済をよくする、特に内需を活発にすることです。そのカギは、賃金を上げるための実効的な政策を断行することと、消費税減税に踏み込むことにあります。

「くらし応援・北区支援市」で食料を選ぶ青年たち＝2022年11月26日、札幌市北区

物価高騰を上回る最賃のアップを ドイツやフランスは1年で最賃を3回上げた

脇　先進国で何十年も賃金水準が上がっていないのは日本だけです。

志位　そうですね。この20年間で見て、ＯＥＣＤ（経済協力開発機構）の中で、他の主要国は１・２倍から１・４倍に賃金を増やしているのに。日本だけ下がっています。直近でも、物価高騰が世界的に起こる中で、ドイツやフランスは22年に３回も最低賃金を上げています。

脇　それは知りませんでした。

志位　中小企業支援をやりながら最賃を3回上げています。ドイツやフランスの最賃の水準は1600円から1700円です。日本はまだ1000円以下でしょう。ものすごい差がついてしまっています。

いま、どこの国でも物価が上がっています。物価以上に賃金を上げることが一番の力になる。そういう立場で最賃を上げているのです。そのとき日本は〝すずめの涙〟しか、しかも年1回しか上げない。これでいいのか。ドイツやフランスのように何度でも上げる。物価上昇以上に最賃を上げる。そのために中小企業支援に思い切ってお金を入れる。財源は大企業の内部留保への時限的課税で持ってくる。こういう大胆な「構造的な賃上げ」をやらないと、この苦境から脱することはできないと思います。

脇　共産党が掲げる消費税の5％への緊急減税を賄う財源は何ですか。

志位　富裕層と大企業優遇の税制を正します。法人税などは安倍政権時代に28％から23％まで下げました。それを、中小企業を除いて元に戻せと言っています。バイデン政権も、トランプ政権が21％まで下げた法人税を28％まで戻せと言っています。〝日米協調で法人税をもとへ戻せ〟と。軍拡のためにではなく、消費税減税のために法人税を上げるべきです。

脇《わき》さん　共産党は創立101年　成果は？

戦前・戦後・沖縄――歴史が決着つけた

脇　共産党は今年結党101年です。100年で成果と胸を張れるものは何ですか。

志位　成果として胸を張れるものはたくさんあります。

戦前、侵略戦争に反対し、国民主権の旗を掲げてたたかいました。たくさんの犠牲を伴いましたが、結果は日本国憲法に実りました。これは歴史が決着をつけたと思っています。

戦後は、旧ソ連、中国による干渉とのたたかいです。1950年、旧ソ連のスターリンと中国による乱暴な干渉がおこなわれ、党が分裂に陥るという不幸な出来事がありました。この問題を解決する過程で、「日本の運動の進路は自分たちで決める」という自主独立の路線を確立し、60年代以降の旧ソ連、中国・毛沢東派による干渉攻撃を打ち破って、最後は両方に間違いを認めさせました。こういう党は世界に他にありません。これも歴史が決着をつけたと言っていいと思います。

軍拡の道を許すな、改憲反対と抗議行動する人たち＝2022年12月19日、衆院議員会館前

もう一つは、沖縄の問題です。戦後、日本共産党と連帯してたたかった沖縄人民党は三つの旗を先駆的に掲げました。一つは祖国復帰、二つは沖縄を米国に売り渡したサンフランシスコ条約3条の廃棄、そして日米安保条約の廃棄――。三つの旗を掲げ、日本共産党は連帯してたたかいました。本土復帰は実現し、サンフランシスコ条約3

条も〝立ち枯れ〟にさせました。三つのうち二つまで実現しました。党史の中で特筆すべきことだと思います。

脇　１００年の経験を踏まえ、これだけは絶対に変えないというものはありますか。

志位　資本主義は人類が到達した最後の社会制度ではなく、その先に進めるという理想と、それを表した日本共産党という名前を次の１００年も掲げてたたかいたいと考えています。

野党共闘を再構築へ　国民運動の発展と党を強く大きく

脇　政権交代のたたかいで、野党共通政策を見直すことはありますか。

志位　21年の総選挙、22年の参院選で市民連合のみなさんの尽力もえて確認した野党共通政策があります。選挙で公約したもので、次の選挙まで責任を持つのが当たり前だと私たちは考えています。この政策を土台にして発展させたい。

共闘の再構築をめざして、大軍拡を許さず、暮らしを守っていくという大きな共同のたたかいを、今年はぜひ、つくっていきたい。

そして、何といっても、強く大きな日本共産党をつくり、まずは統一地方選挙で勝ち、来年1月に予定している第29回党大会までに、党組織を1・3倍に拡大することに全力を注ぎたい。

市民と野党の共闘が始まったのは15年です。14年から15年にかけて安保法制反対で大きな国民的たたかいが起こりました。そしてもう一つ、日本共産党が13年の東京都議選と参院選、14年の総選挙で連続して躍進する流れの中で、野党共闘がつくられていきました。共闘を再構築するには、国民運動の発展と日本共産党が強くなることがどうしても必要です。

脇　世代交代の取り組みは進められていますか。

志位　私たちの事業を、将来の世代に引き継いでいく世代的継承の取り組みを、党をあげて行っています。

日本民主青年同盟という私たちと協力関係にある青年組織が、昨年1700人を超える同盟員を増やし、目標（1500人）を超過達成しました。民青をどんどん広げる中で、青年党員、学生党員を増やしていく活動にもうんと力を入れていきたい。次の世代にバトンタッチできる土台を築いていきたいと決意しているところです。

脇　がんばっている人に「がんばれ」という必要はないでしょうが、いまが踏ん張りどころでしょう。

志位　ありがとうございます。来年1月の党大会にむけて、この1年は党員と「しんぶん赤旗」読者を増やすとりくみに、ありとあらゆる知恵と力を注ぎたいと強く決意しています。そういう流れのなかで統一地方選挙でも必ず勝利・前進をかちとりたい。どうか日曜版読者のみなさんにも、お力をお貸しいただきたいと心からお願いするものです。

（「しんぶん赤旗」日曜版 2023年1月1日・8日合併号）